P9-CFY-426

BOUÉES de GRAMMAIRE:

le FRANÇAIS en TABLEAUX

Stella J. Cohen-Scali

NEW ACADEMIA PUBLISHING

Washington, DC

Copyright © 2008 by Stella J. Cohen-Scali

New Academia Publishing, 2011

All rights reserved. No part of this book may be reproduced or transmitted in any form or by any means, electronic or mechanical, including photocopying, recording, or by any information storage and retrieval system.

Printed in the United States of America

Library of Congress Control Number: 2011928764
ISBN 978-0-9832451-5-5 paperback (alk. paper)

P.O. Box 27420, Washington, DC, 30028-7420
info@newacademia.com - www.newacademia.com

A tous ceux qui naviguent dans le sillage de Molière,

Dans ce fascicule, vous trouverez, sous forme de tableaux, plusieurs points de grammaire de base essentiels. Ce livret doit être considéré comme un « accompagnateur » dans ce sens où le livre de grammaire traditionnel reste une nécessité.

Ces tableaux ont vu le jour dans mes salles de classe où les étudiants, après avoir eu la présentation de leur premier tableau, me demandaient, à chaque cours de grammaire, si j'expliquerais la leçon avec un tableau. A plusieurs reprises, ils m'ont suggéré de publier ce qui leur avait facilité l'apprentissage de la langue française.

Dans mes cours de l'été 2008, l'enthousiasme phénoménal des étudiants à l'égard de ces tableaux m'a donné l'élan de finir un projet déjà bien entamé.

Je vous souhaite à tous de belles croisières dans l'univers de la langue française.

SCS

ABREVIATIONS

Adj	adjectif
Adv	adverbe
Aux	auxiliaire
C	complément
C.O.D	complément d'objet direct
C.O.I	complément d'objet indirect
Fém	féminin
Interr	interrogatif
Ma	masculin
N	nom
Neu	neutre
Plur	pluriel
PP	participe passé
PPp	proposition principale
PR	pronom
PRe	proposition relative
Prép	préposition
PS	proposition subordonnée
S	sujet
Sing	singulier
V	verbe
Voy	voyelle

STRUCTURES DE LA PHRASE

PHRASE ...	TEMPS SIMPLE	TEMPS COMPOSE
AFFIRMATIVE	**S + V** Nous parlons. **S + V + C** Nous parlons français. **S + PR + V** Nous le parlons.	**S + AUX + PP** Nous avons parlé. **S + AUX + PP + C** Nous avons parlé français. **S + PR + AUX + PP** Nous l'avons parlé.
NEGATIVE	**S + NE + V + PAS** Nous ne parlons pas. **S + NE + PR + V + PAS** Nous ne le parlons pas.	**S + NE + AUX + PAS + PP** Nous n'avons pas parlé **S + NE + PR + AUX + PAS + PP** Nous ne l'avons pas parlé
INTERROGATIVE avec INVERSION	**V + S ?** Parlez-vous? **PR + V + S ?** Le parlez-vous ? **NE + PR +V + S + PAS ?** Ne le parlez-vous pas ?	**AUX + S + PP ?** Avez-vous parlé ? **PR + AUX + S + PP ?** L'avez-vous parlé ? **NE + PR + AUX + S + PAS + PP ?** Ne l'avez-vous pas parlé ?
IMPERATIVE	**V!** Parlez! **V + PR!** Parlez-le! **NE + PR + V + PAS !** Ne le parlez pas !	

ARTICLES

DEFINIS	Masculin	Féminin	Négatif	EXEMPLES
Singulier	LE	LA		J'aime LE chocolat, je N'aime PAS LE café.
Singulier	L' + voyelle			Je préfère LA vanille, je NE préfère PAS LA fraise.
				Je déteste L'ananas, je N'aime PAS L'ananas.
Pluriel	LES			J'adore LES gâteaux, je NE préfère PAS LES tartes.

INDEFINIS	Masculin	Féminin	Négatif	EXEMPLES
Singulier	UN	UNE		J'achète UN croissant, il N'achète PAS DE croissant.
Pluriel	DES			J'achète UNE tarte, il N'achète PAS DE tarte.
				Il achète DES ananas, je N'achète PAS D'ananas.

PARTITIFS	Masculin	Féminin	Négatif	EXEMPLES
Singulier	DU	DE LA		Je mange DE LA pizza, il NE mange PAS DE pizza.
Singulier	DE L' + voyelle			Je bois DU café, il NE boit PAS DE café.
				Je bois DE L'eau, il NE boit PAS D'eau.
Pluriel	DES			J'achète DES pâtes, il N'achète PAS DE pâtes.

NOMS: FORMATION DU PLURIEL

NOM au SINGULIER	NOM au PLURIEL
un examen	des examenS
un courS	des courS
un priX	des priX
un raZ-de-marée	des raZ-de-marée
un châtEAU	des châteauX
un journAL	des journAUX
un travAIL	des travAUX

ADJECTIFS QUALIFICATIFS : POSITION

POSITION	EXEMPLES
APRES LE NOM dans la majorité des cas	C'est un chanteur **talentueux**.
AVANT LE NOM : les adjectifs du **BAC T** (**B**eauté, **A**ge, **C**aractère, **T**aille)[1]	C'est un **bon** chanteur. Ce sont de[2] **belles** chansons.
AVANT et **APRES** le nom : la signification de l'adjectif change	C'est une personne **seule**. C'est le **seul** chanteur qui ait ce succès.
Adjectifs de couleurs **APRES** LE NOM	Voilà un stylo **bleu**.

[1]Basé sur l'équivalent anglais, les « adjectifs BAGS » : «Beauty, Age, Goodness, Size », mentionné par les étudiants.

[2] Quand un adjectif précède le nom, les articles partitifs et indéfinis au pluriel = DE ou D' + voyelle.

ADJECTIFS QUALIFICATIFS: FORMATION DU FEMININ

MASCULIN, SINGULIER	FEMININ, SINGULIER
un étudiant suissE	une étudiante suissE
américAIN allemanD espagnoL françAIS	américainE allemandE espagnolE françaisE
canadIEN europÉEN	canadienNE européenNE
douÉ	douéE
sériEUX	sérieuSE
travaillEUR[1] créatEUR[2]	travailleuSE créatRICE
sportIF frANC	sportiVE francHE
géniAL ponctuEL	génialE ponctuelLE
étrangER	étrangÈRE
un bON étudiant	une bonNE étudiante
un lonG récit	une longUE histoire
un cartable épaiS	une sacoche épaisSE

[1]Si le participe présent se forme à partir de l'adjectif (ou du nom) et a la même racine que le verbe à l'infinitif, alors, le féminin se termine en « euse » : (un) travaillEUR → travaillANT (le verbe est « travailler »)

[2] Si le participe présent ne se forme pas à partir de l'adjectif (ou du nom), alors, le féminin se termine en « rice » : (un) créateur → créANT (le verbe est « créer »)

8

COMPARATIFS et SUPERLATIFS : ADJECTIVES, ADVERBES, NOMS

COMPARATIF	ADJECTIF (Adj)	ADVERBE (Adv)	NOM (N)
>	**PLUS** + adj / adv + **QUE**		**PLUS DE** + N + **QUE**
	Je suis **PLUS** grand **QUE** toi. Je parle **PLUS** vite **QUE toi**.		J'ai **PLUS DE** livres **QUE** toi.
=	**AUSSI** + adj / adv + **QUE**		**AUTANT DE** + N + **QUE**
	Je suis **AUSSI** grand **QUE** toi. Je parle **AUSSI** vite **QUE** toi.		J'ai **AUTANT DE** livres **QUE** toi.
<	**MOINS** + adj / adv + **QUE**		**MOINS DE** + N + **QUE**
	Je suis **MOINS** grand **QUE** toi. Je parle **MOINS** vite **QUE** toi.		J'ai **MOINS DE** livres **QUE** toi.

SUPERLATIF	ADJECTIF (Adj)	ADVERBE (Adv)	NOM (N)
>	N + **le/la/les** + **PLUS** + Adj + **DE** **le/la/les** + **PLUS** + Adj + N + **DE**	**LE PLUS** + Adv + **DE**	**LE PLUS DE** + N
	C'est l'homme **le plus** généreux **de** la planète. C'est **le plus** bel homme **du** monde.	Elle parle **le plus** vite **de** la classe.	J'ai **le plus de** livres.
<	N + **le/la/les** + **MOINS** + Adj + **DE** **le/la/les** + **MOINS** + Adj + N + **DE**	**LE MOINS** + Adv + **DE**	**LE MOINS DE** + N
	C'est l'homme **le moins** généreux **du** monde. C'est **le moins** bel homme **du** monde.	Elle parle **le moins** vite **de** la classe.	J'ai **le moins de** livres.

ADVERBES : FORMATION

CAS	EXEMPLES		
	Adjectif masculin	Adjectif féminin	Adverbe
Adjectif au féminin + **MENT**	généreux	généreuSE	généreuSEMENT
Adjectif masculin = adjectif féminin + **MENT** (adjectif se termine avec **E**)	facilE	facilE	facilEMENT
Adjectif masculin se termine avec une voyelle mais **pas avec E**	vraI		vraIMENT
Adjectif se termine avec **ANT**	constANT		constAMMENT
Adjectif se termine avec **ENT**	différENT		différEMMENT

ADJECTIFS et PRONOMS DEMONSTRATIFS

ADJECTIFS DEMONSTRATIFS + Nom
PRONOMS DEMONSTRATIFS + Pronom relatif, de, -ci, -là mais JAMAIS UN NOM

ADJECTIFS DEMONSTRATIFS	Masculin	Féminin	EXEMPLES
Singulier	CE CET + voy	CETTE	CE jeune homme rêve de devenir acteur. CET acteur joue très bien mais CES acteurs savent également chanter.
Pluriel	CES		CETTE actrice connaît Thierry Lhermitte et CES actrices ont tourné avec lui.
PRONOMS DEMONSTRATIFS	Masculin	Féminin	
Singulier	CELUI	CELLE	J'admire ces acteurs mais CELUI-CI joue le mieux et CEUX-LA chantent le mieux.
Pluriel	CEUX	CELLES	Qui sont ces actrices ? Je ne connais pas CELLE qui parle anglais mais je connais CELLES qui parlent italien.

ADJECTIFS et PRONOMS INTERROGATIFS

ADJECTIFS INTERROGATIFS + (Adjectif) + Nom?
PRONOMS INTERROGATIFS + Verbe + Sujet <u>OU</u> est-ce que + Sujet + Verbe? JAMAIS UN NOM

ADJECTIFS INTERROGATIFS	Masculin	Féminin	EXEMPLES
Singulier	QUEL	QUELLE	QUEL temps fait-il ? QUELLE heure est-il ?
Pluriel	QUELS	QUELLES	QUELS livres lisez-vous ? QUELLES histoires aimez-vous ?
PRONOMS INTERROGATIFS	Masculin	Féminin	
Singulier	LEQUEL	LAQUELLE	Quels auteurs ont vécu au vingtième siècle? LEQUEL est né en 1920? LESQUELS sont nés en 1930?
Pluriel	LESQUELS	LESQUELLES	Quelles histoires aimez-vous? LAQUELLE préférez-vous? LESQUELLES conseillez-vous ?

ATTENTION !

Préposition "à" + lequel	= AUQUEL	Préposition "de" + lequel	= DUQUEL
+ lesquels	= AUXQUELS	+ lesquels	= DESQUELS
+ laquelle	= A LAQUELLE	+ laquelle	= DE LAQUELLE
+ lesquelles	= AUXQUELLES	+ lesquelles	= DESQUELLES

ADJECTIFS ET PRONOMS POSSESSIFS

ADJECTIFS POSSESSIFS				PRONOMS POSSESSIFS			
Personne	Ma, Sing	Fém, Sing	Ma, Fém, Plur	Ma, Sing	Fém, Sing	Ma, Plur	Fém, Plur
1ère sing	mon	ma, mon + voy	mes	le mien	la mienne	les miens	les miennes
2ième sing	ton	ta ton + voy	tes	le tien	la tienne	les tiens	les tiennes
3ième sing	son	sa son + voy	ses	le sien	la sienne	les siens	les siennes
1ère plur	notre	notre	nos	le nôtre	la nôtre	les nôtres	les nôtres
2ième plur	votre	votre	vos	le vôtre	la vôtre	les vôtres	les vôtres
3ième plur	leur	leur	leurs	le leur	la leur	les leurs	les leurs

EXEMPLES

Je prête MA carte. Je prête MES carteS. Je prête MON encyclopédie. Je prête MON livre. Je prête MES livreS.	Je prête la mienne. Je prête les miennes. Je prête le mien. Je prête les miens.
Tu prêtes TA carte. Tu prêtes TES carteS. Tu prêtes TON encyclopédie. Tu prêtes TON livre. Tu prêtes TES livreS.	Tu prêtes la tienne. Tu prêtes les tiennes. Tu prêtes le tien. Tu prêtes les tiens.
Il prête SA carte. Il prête SES carteS. Il prête SON encyclopédie. Il prête SON livre. Il prête SES livreS.	Il prête la sienne. Il prête les siennes. Il prête le sien. Il prête les siens.
Nous avons NOTRE carte. Nous avons NOS carteS.	Nous avons la nôtre. Nous avons les nôtres.
Nous avons NOTRE livre. Nous avons NOS livreS.	Nous avons le nôtre. Nous avons les nôtres.
Vous avez VOTRE carte. Vous avez VOS carteS.	Vous avez la vôtre. Vous avez les vôtres.
Vous avez VOTRE livre. Vous avez VOS livreS.	Vous avez le vôtre Vous avez les vôtres.
Ils ont LEUR carte. Ils ont LEURS carteS.	Ils ont la leur. Ils ont les leurs.
Ils ont LEUR livre. Ils ont LEURS livreS.	Ils ont le leur. Ils ont les leurs.

PRONOMS personnels sujets, d'objet direct / indirect, réfléchis, disjoints

PRONOMS	SUJET	Objet DIRECT	Objet INDIRECT	REFLECHI	DISJOINT	Objet DIRECT, INDIRECT, REFLECHI[1] et IMPERATIF	
						Affirmatif	Négatif
1ère sing	je	me	me	me	moi	moi	me
2ième sing	tu	te	te	te	toi	toi, toi[1]	te, te[1]
3ième sing, ma	il	le	lui	se	lui	le, lui	le, lui
3ième sing, fém	elle	la	lui	se	elle	la, lui	la, lui
3ième sing, neu	on	le		se	soi	le	le
1ère plur	nous	nous	nous	nous	nous	nous, nous[1]	nous, nous[1]
2ième plur	vous	vous	vous	vous	vous	vous, vous[1]	vous, vous[1]
3ième plur, ma	ils	les	leur	se	eux	les, leur	les, leur
3ième plur, fém	elles	les	leur	se	elles	les, leur	les, leur

PRONOMS ADVERBIAUX et autres pronoms - 1

CAS	PRONOM	EXEMPLES
Articles définis	d'objet direct	J'admire les tableaux. / Je LES admire. J'admire les peintres. / Je LES admire.
Articles indéfinis et partitifs	adverbial « EN »	J'admire des tableaux. / J'EN admire. J'admire des peintres. / J'EN admire. Il avait de l'imagination. / Il EN avait.
Expressions de quantité	adverbial « EN »	Il a beaucoup de talent. / Il EN a BEAUCOUP. Il achète deux tableaux. / Il EN achète DEUX.
« à » + personne	d'objet indirect	Je parle aux peintres. / Je LEUR parle
Verbes spéciaux + « à » + personne	disjoint	Je pense aux peintres. / Je pense à EUX.
« de¹ » + personne	disjoint	Je parle de Sisley. / Je parle de LUI. Je parle avec le peintre. / Je parle avec LUI.
« à² » + lieu	adverbial « Y »	Je vais à Giverny. / J'Y vais. Je vais en Italie. / J'Y vais.
« de » + lieu	adverbial « EN »	Je viens de Giverny. / J'EN viens.
« à » + chose	adverbial « Y »	Je pense à son tableau. / J'Y pense.
« de » + chose	adverbial « EN »	Je parle de son tableau. / J'EN parle.

¹Toutes prépositions sauf « à ».

²Toutes prépositions sauf « de ».

PRONOMS ADVERBIAUX et autres pronoms - 2

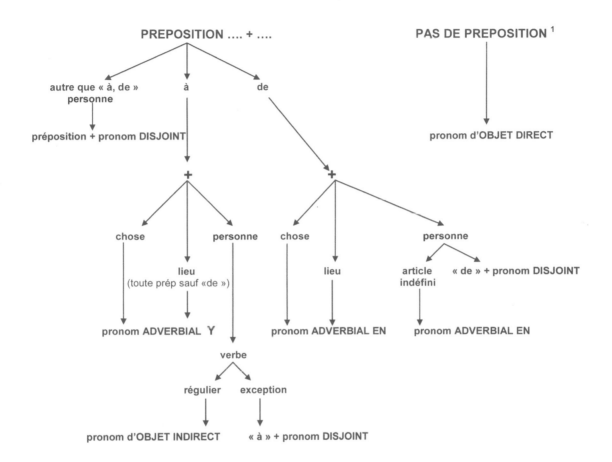

PREPOSITION .... + ...

autre que « à, de »
personne

à

de

préposition + pronom DISJOINT

PAS DE PREPOSITION [1]

pronom d'OBJET DIRECT

+

chose

personne

lieu
(toute prép sauf «de »)

pronom ADVERBIAL Y

verbe

régulier   exception

pronom d'OBJET INDIRECT   « à » + pronom DISJOINT

+

chose

lieu

pronom ADVERBIAL EN

personne

article
indéfini   « de » + pronom DISJOINT

pronom ADVERBIAL EN

[1] Il n'y a ni article indéfini ni article partitif.

PRONOMS RELATIFS - 1

CAS	PRONOM RELATIF	EXEMPLES
Sujet du verbe dans PRe	**QUI**	La personne QUI a peint ce tableau s'appelle Monet.
C.O.D. du verbe dans PRe	**QUE** Qu' + voyelle	Le tableau QUE tu préfères s'appelle ''Le déjeuner''.
Verbe dans PRe suivi de la préposition ''**DE**'' à l'infinitif	**DONT**	Le tableau DONT tu parles est celui de Monet.
Pour exprimer la **possession**	**DONT**	Monet DONT les tableaux attirent le monde entier a vécu à Giverny.
Verbe dans PRe suivi d'une **préposition autre que DE** à l'infinitif	préposition + **QUI** (pour les personnes)	Le guide AVEC QUI tu parles adore ces tableaux.
	préposition + **QUOI** (pour les choses indéfinies)	Il ignore A QUOI vous vous intéressez.
	Préposition + forme de **LEQUEL** : laquelle, lesquels, lesquelles (pour les choses)	Le tableau POUR LEQUEL Monet est renommé s'appelle ''Impression, soleil levant''. La maison DANS LAQUELLE Monet vivait n'a pas été transformée.
L'antécédent : expression de **lieu, temps**	**Où**	Giverny est l'endroit Où Monet a habité. Mai est le mois Où vous devez y aller.
L'antécédent est **indéfini**	**CE** + PRe	CE QUI me fascine est ce jeu de couleurs. CE QUE vous admirez vaut une fortune. CE DONT j'ai envie ne se vend pas. Il sait CE A QUOI nous nous attendons.

PRONOMS RELATIFS - 2

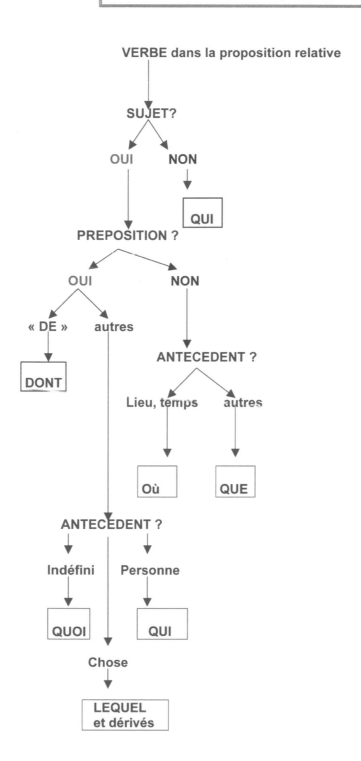

PREPOSITIONS avec NOMS GEOGRAPHIQUES

NOMS GEOGRAPHIQUES	Préposition avec un verbe suivi de la préposition « à »	Préposition avec un verbe suivi de la préposition « de »	Préposition avec un verbe qui n'a pas de préposition OU sans verbe
Ville	Je vais **À** Paris.	Je viens **DE** Paris.	Je suis **À** Paris. **A** Paris, je visite les musées.
Pays féminin (se termine en E)	Je vais **EN** France.	Je viens **DE** France.	Je suis **EN** France. **EN** France, je parle français.
Pays masculin (ne se termine pas en E)	Il va **AU** Canada.	Il vient **DU** Canada.	Il est **AU** Canada. **AU** Canada, on parle français.
Etat féminin (se termine en E)	Je vais **EN** Virginie.	Je viens **DE** Virginie.	Je suis **EN** Virginie. **EN** Virginie, on parle anglais.
Etat masculin (ne se termine pas en E)	Il va **DANS l'Etat du** Michigan.	Il vient **DU** Michigan.	Il est **DANS l'Etat du** Mi. **Dans l'Etat du** Michigan, il connaît MSU.
Continent féminin	Je vais **EN** Europe.	Je viens **D'**Europe.	Je suis **EN** Europe. **EN** Europe, on parle anglais.

PREPOSITIONS et MOYENS DE TRANSPORT

Personne A L'INTERIEUR du MOYEN DE TRANSPORT = PREPOSITION EN

en avion

en ballon

en train

en voiture

en bateau

en bus

Personne SUR le MOYEN DE TRANSPORT = PREPOSITION à

à cheval

à pied

à moto

COMMENT POSER UNE QUESTION

FORMES	QUESTIONS	REPONSES
V + S ? - Oui, non **Est-ce que + S + V ? - Oui, non**	- Parlez-vous français ? - **Est-ce que** vous parlez français?	- **Oui**, je parle français. - **Non**, je ne parle pas français.
Aux + S + PP ? - Oui, non **Est-ce que + S + Aux + PP ? - Oui, non**	- Avez-vous parlé? - Est-ce que vous avez parlé?	- **Oui**, j'ai parlé. - **Non,** je n'ai pas parlé.
S + V + PR ? - Oui, non **S + Aux + PR + PP ? - Oui, non**	- **Bocelli** parle-t-**il** français? - **Bocelli** a-t-**il** parlé français?	- **Oui**, **Bocelli** parle français. - **Non**, **Bocelli** ne le parle pas. - **Oui**, **Bocelli** a parlé français.
Adverbe interrogatif + V + S ?	- **Pourquoi** parlez-vous français ?	- Je parle français **parce que** j'adore cette langue.
Adv interr + est-ce que + S + V ?	- **Quand est-ce que** vous parlez français ?	- Je parle français en classe.
Personne		
Préposition + qui + V + S ? **Préposition + qui est-ce que + S + V ?**	- **De qui** parlez-vous ? - **De qui est-ce que** vous parlez ?	- Je parle **de Bocelli.**
Chose		
Préposition + quoi + V + S ? **Préposition + quoi est-ce que + S + V ?**	- **De quoi** parlez-vous ? - **De quoi est-ce que** vous parlez ?	- Je parle **de sa musique.**
Adjectif interrogatif + N + V + S ? **Adj interr + N + est -ce que + S +V ?**	- **Quel** chanteur préfères-tu ? - **Quel** chanteur **est-ce que** tu préfères ?	- Je préfère Andrea Bocelli.
Pronom interrogatif + V + S ? **PR interr + est-ce que + S + V?**	- **Lequel** aimes-tu ? - **Lequel est-ce que** tu aimes ?	- J'aime Francis Cabrel.

FORMES INTERROGATIVES

FORME LONGUE   FORME COURTE

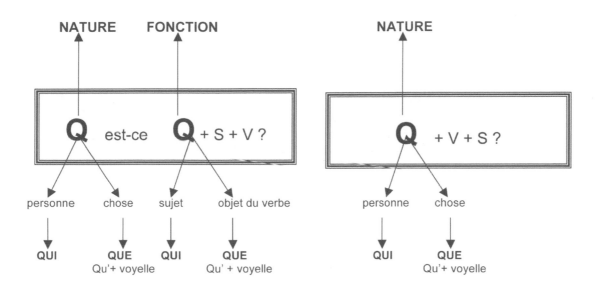

NATURE   FONCTION   NATURE

Q est-ce   **Q** + S + V ?   **Q** + V + S ?

personne   chose   sujet   objet du verbe   personne   chose

QUI   QUE   QUI   QUE   QUI   QUE
            Qu'+ voyelle   Qu' + voyelle   Qu'+ voyelle

- **Qui** est-ce **qui** chante ? - **Bocelli** chante.

- **Qu'**est-ce **qu'**il chante ?- Il chante **une chanson**.

- **Qui** est-ce **que** tu admires ? - J'admire **Bocelli**.

- **Qu'**est-ce **qui** est superbe ? - **Sa voix** est superbe.

- **Qui** chante ? - **Bocelli** chante.

- **Que** chante-t-il ? - Il chante **une chanson**.

- **Qui** admires-tu ? - J'admire **Bocelli**.

FORMATION DES TEMPS COMPOSES

TEMPS COMPOSE = AUX + PP

MODE, TEMPS COMPOSE	FORMATION	EXEMPLES
INDICATIF, PASSE COMPOSE	IINDICATIF, PRESENT + PP	J'ai parlé.
INDICATIF, PLUS-QUE-PARFAIT	INDICATIF, IMPARFAIT + PP	J'avais parlé.
INDICATIF, FUTUR ANTERIEUR	INDICATIF, FUTUR + PP	J'aurai parlé.
INDICATIF, PASSE ANTERIEUR	INDICATIF, PASSE SIMPLE + PP	J'eus parlé.
CONDITONNEL, PASSE	CONDITIONNEL, PRESENT + PP	J'aurais parlé.
SUBJONCTIF, PASSE	SUBJONCTIF, PRESENT + PP	… que j'aie parlé

CONCORDANCE DES TEMPS

Proposition introduite par…	Proposition principale	EXEMPLES
SI — **Mode, Temps du Verbe**	**Mode, Temps du Verbe**	
Indicatif, Présent	**Indicatif, Futur**	**Si** je vais dans un pays francophone, je parlerai français.
Indicatif, Présent	**Indicatif, Présent** action habituelle	**Chaque été, si** je vais dans un pays francophone, je parle français.
Indicatif, Présent	**Impératif** pas de sujet	**Si** tu vas dans un pays francophone, parle français.
Indicatif, Imparfait	**Conditionnel, Présent**	**Si** j'allais dans un pays francophone, je parlerais français.
Indicatif, Plus-que-parfait	**Conditionnel, Passé**	**Si** j'étais allé dans un pays francophone, j'aurais parlé français.
Quand, dès que, lorsque, aussitôt que — **Indicatif, Futur** série d'actions	**Indicatif, Futur**	**Quand** j'irai dans un pays francophone, je parlerai français.
Indicatif, Futur antérieur action avant une autre action dans le futur	**Indicatif, Futur**	**Dès que** je serai arrivé dans un pays francophone, je parlerai français.
Indicatif, Plus-que-parfait action avant une autre action dans le passé	**Indicatif, Imparfait** ou **Passé composé**	J'ai parlé du pays francophone que j'avais visité.

32

ACCORD DU PARTICIPE PASSE – 1

Pas d'accord	Accord

Y-a-t-il accord entre le PP et le … quand on utilise …	SUJET	C.O.I.	C.O.D	
			avant auxiliaire	après auxiliaire
AVOIR			5	
ETRE	2		VERBES PRONOMINAUX	
			6	

1. Elle a mangé.
3. Elle a mangé les chocolats.
5. Elle les a mangés.
7. Elle les a offerts à Léonard. Elle les lui a offerts.

2. Elle est partie.
4. Elle s'est lavé les mains.
6. Elle s'est lavée.
8. Elle se les est lavées.

ATTENTION ! Danger à l'avant !

Le conducteur ne voit rien à l'arrière !

ACCORD entre le **participe passé** et **le complément** ou **le pronom d'objet direct** avant l'auxiliaire

AUCUN ACCORD entre le **participe passé** et **les compléments d'objet direct** ou **indirect après l'auxiliaire**

AUXILIAIRE

ACCORD DU PARTICIPE PASSE - 2

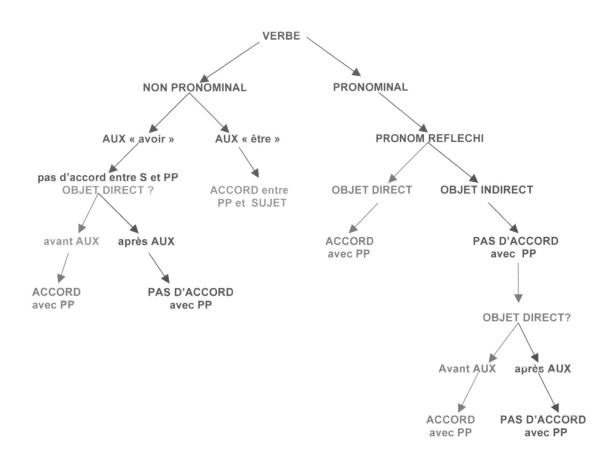

34

SUBJONCTIF, INDICATIF ou INFINITIF - 1

CAS		MODE	EXEMPLES
Verbes de volonté, doute, émotion		Subjonctif	Je SOUHAITE QUE vous compreniez.
Expressions impersonnelles de doute, émotion, opinion		Subjonctif	IL EST IMPORTANT QUE vous compreniez.
croire, espérer, penser dans phrase...	affirmative	Indicatif	JE PENSE QUE vous comprenez.
	négative et/ou interrogative	Subjonctif	Je NE CROIS PAS QUE vous parliez italien. CROYEZ-VOUS QU'ils comprennent ?
Expressions impersonnelles de certitude		Indicatif	IL EST EVIDENT que vous comprenez. IL EST CLAIR que vous comprenez.
Conjonctions	+ QUE	Subjonctif	J'explique AFIN QUE vous compreniez.
	+ Prép	Infinitif	Vous posez des questions AFIN DE comprendre.
Sujets dans la PPp et la PS	différents	Subjonctif	JE désire que VOUS compreniez.
	identiques	Infinitif	JE désire COMPRENDRE.
Pronom relatif avec antécédent	indéfini	Subjonctif	Connaissez-vous QUELQU'UN QUI comprenne ?
	défini	Indicatif	Je connais QUELQU'UN QUI comprend.
Superlatif de l'adjectif et adjectifs : dernier, premier seul, unique		Subjonctif	C'est LE MEILLEUR étudiant que je CONNAISSE. C'est LA SEULE personne qui COMPRENNE.

Quel est le mot de passe du Subjonctif ? - **PIN : DOVE**

Possibilité   **D**oute
Improbabilité :   **O**pinion
Nécessité   **V**olonté
                      Emotion

SUBJONCTIF, INDICATIF ou INFINITIF - 2

[1] Les adjectifs avec lesquels il faut utiliser le Subjonctif sont : dernier, premier, seul, unique.

DISCOURS DIRECT et INDIRECT: CONCORDANCE DES TEMPS

TEMPS DES VERBES DANS LES PROPOSITIONS			
INTRODUCTRICE/ PRINCIPALE	AU DISCOURS DIRECT	AU DISCOURS INDIRECT	EXEMPLES
Indicatif, **Présent** ou **Futur**	Temps au Choix	AUCUN changement mode ou temps	Il dit : « je parle français ». / Il dit qu'il parle français. Il dira : « j'ai compris ». / Il dira qu'il a compris.
au **Passé**	Indicatif, Présent	Indicatif, Imparfait	Il a dit : « je parle ». / Il a dit qu'il parlait.
	Indicatif, Futur	Conditionnel, Présent	Il a dit : « tu parleras ». / Il a dit que tu parlerais.
	Indicatif, Futur antérieur	Conditionnel, passé	Il a dit : « vous aurez fini dans une semaine ». Il a dit que vous auriez fini dans une semaine.
	Indicatif, Passé composé	Indicatif, Plus-que-parfait	Il a dit : « nous avons compris ». Il a dit que nous avions compris.
Mode, Temps au choix	Impératif	Infinitif	Il dit : « parlez français » ! / Il dit de parler français.
	Indicatif, Imparfait Plus-que-parfait Conditionnel, Présent et Passé	AUCUN changement mode ou temps	Il dit : « tu parlais bien ». / Il dit que tu parlais bien. Il dit : « tu l'avais lu ». / Il dit que tu l'avais lu. Il dit : « tu aimerais lire ». / Il dit que tu aimerais lire. Il dit : « tu l'aurais lu ». / Il dit que tu l'aurais lu.

PARTICIPE PRESENT ET GERONDIF

FORMATION	CAS	EXEMPLES
Participe Présent = Verbe 1ère personne pluriel, Indicatif, présent sans « ons » + **ANT**	**Verbe** invariable = Proposition relative introduite par « qui »	Un artiste **chantant** bien devient célèbre. Un artiste **qui chante** bien devient célèbre.
	Adjectif : accord	Des chanteurs **reconnaissants** envers le public reviennent sur la scène à la fin du spectacle.
	Cause: puisque, parce que	**Chantant** souvent, il a dû se reposer la voix.
Gérondif = EN + Participe présent	**2 actions en même temps** quand ? comment ?	L'artiste chante **en dansant**.

VOIX PASSIVE: FORMATION

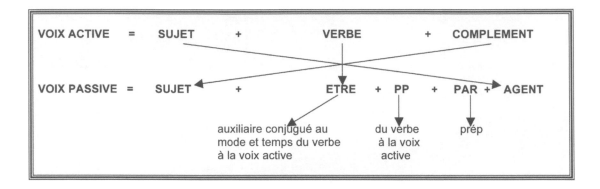

VOIX ACTIVE Verbe	VOIX PASSIVE Auxiliaire + PP	EXEMPLES
INDICATIF, PRESENT	INDICATIF, PRESENT + PP	Le chanteur CHANTE une chanson. Une chanson EST CHANTÉE PAR le chanteur.
INDICATIF, FUTUR	INDICATIF, FUTUR + PP	Le chanteur CHANTERA une chanson. Une chanson SERA CHANTÉE PAR le chanteur.
INDICATIF, IMPARFAIT	INDICATIF, IMPARFAIT + PP	Le chanteur CHANTAIT une chanson. Une chanson ÉTAIT CHANTÉE PAR le chanteur.
INDICATIF, PASSE COMPOSE	INDICATIF, PASSE COMPOSE + PP	Le chanteur A CHANTÉ une CHANSON. Une chanson A ÉTÉ CHANTÉE PAR le chanteur.
CONDITIONNEL, PRESENT	CONDITIONNEL, PRESENT + PP	Le chanteur CHANTERAIT une chanson. Une chanson SERAIT CHANTÉE PAR le chanteur.

JOURNAL DE BORD